This
Self-Care Journal
belongs to:

_____

Level 10 LIFE GOALS

1 Friends & Family

2 Romance

3 Faith

4 Personal Growth

5 Health & Fitness

6 Business & Career

7 Finances

8 Fun & Recreation

9 Community

10 Fitness

Level 10 LIFE GOALS

"If you can dream it, you can do it." —Walt Disney

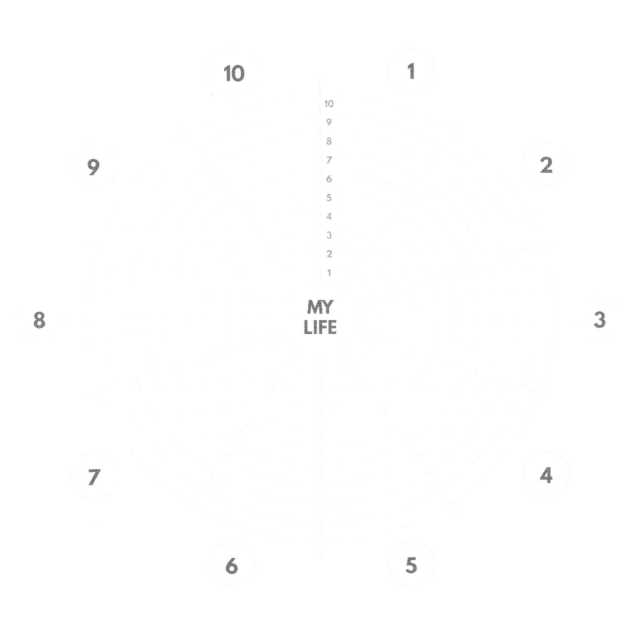

10

1

10
9
8
7
6
5
4
3
2
1

9

2

MY LIFE

8

3

7

4

6

5

USE THE CHART ABOVE TO DOCUMENT YOUR PROGRESS AND EXPAND YOUR HORIZONS. MATCH COLORS WITH YOUR LIFE GOAL OVERVIEW.

Self Care CHECKLIST

JANUARY 2020

MORNING ROUTINE

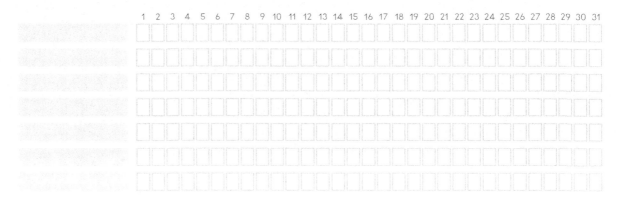

AFTERNOON ROUTINE

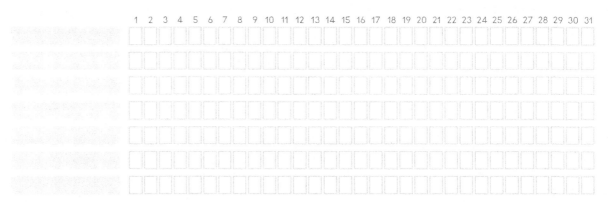

EVENING ROUTINE

MONTHLY REFLECTION

Monthly MOOD LOG

ASSIGNED COLOR CODES

HAPPY	SAD	TIRED	

SICK	STRESSED	DEPRESSED	

EXCITED	ANGRY	NERVOUS

ENERGETIC	FOCUSED	MOTIVATED	

MONTH

1 2 3 4 5 6 7 8 9 10 11 12 13 14 15 16 17 18 19 20 21 22 23 24 25 26 27 28 29 30 31

Gratitude TRACKER

USE THE STEPPING BLOCKS BELOW TO FILL IN
THE DAYS WHERE YOU FELT GRATEFUL.

MONTH: _____

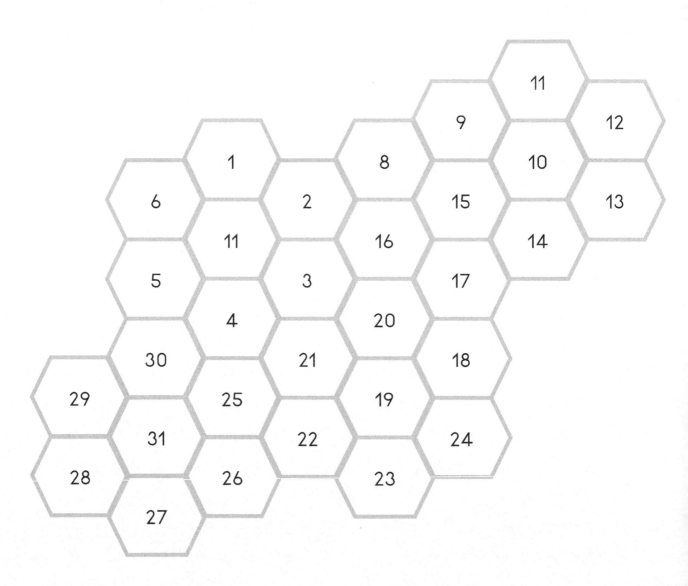

Workouts

✦ 31 DAY PLANNER ✦

FOCUS

MONTH	JAN	FEB	MAR	APR	MAY	JUN	JUL	AUG	SEP	OCT	NOV	DEC

TOP WORKOUT GOALS

DATE	WORKOUT SUMMARY	TIME	✓
1.			
2.			
3.			
4.			
5.			
6.			
7.			
8.			
9.			
10.			
11.			
12.			
13.			
14.			
15.			
16.			
17.			
18.			
19.			
20.			
21.			
22.			
23.			
24.			
25.			
26.			
27.			
28.			
29.			
30.			
31.			

FAVORITE WORKOUTS

NOTES

GRATEFUL *Heart*

WHAT I AM MOST GRATEFUL FOR

PEOPLE

1
2
3
4
5
6
7

PLACES

1
2
3
4
5
6
7

MEMORIES

1
2
3
4
5
6
7

PERSONAL MILESTONES

1
2
3
4
5
6
7

WORK LIFE

1
2
3
4
5
6
7

OTHER

1
2
3
4
5
6
7

Gratitude LOG

DAY	TODAY I AM GRATEFUL FOR:
1	
2	
3	
4	
5	
6	
7	
8	
9	
10	
11	
12	
13	
14	
15	
16	
17	
18	
19	
20	
21	
22	
23	
24	
25	
26	
27	
28	
29	
30	
31	

SLEEP LOG

	YEAR:	MONTH:

DAY	HOURS SLEPT	NOTES
1	7 8 9 10 11 12 1 2 3 4 5 6 7 8 9 10 11 12 13	
2	7 8 9 10 11 12 1 2 3 4 5 6 7 8 9 10 11 12 13	
3	7 8 9 10 11 12 1 2 3 4 5 6 7 8 9 10 11 12 13	
4	7 8 9 10 11 12 1 2 3 4 5 6 7 8 9 10 11 12 13	
5	7 8 9 10 11 12 1 2 3 4 5 6 7 8 9 10 11 12 13	
6	7 8 9 10 11 12 1 2 3 4 5 6 7 8 9 10 11 12 13	
7	7 8 9 10 11 12 1 2 3 4 5 6 7 8 9 10 11 12 13	
8	7 8 9 10 11 12 1 2 3 4 5 6 7 8 9 10 11 12 13	
9	7 8 9 10 11 12 1 2 3 4 5 6 7 8 9 10 11 12 13	
10	7 8 9 10 11 12 1 2 3 4 5 6 7 8 9 10 11 12 13	
11	7 8 9 10 11 12 1 2 3 4 5 6 7 8 9 10 11 12 13	
12	7 8 9 10 11 12 1 2 3 4 5 6 7 8 9 10 11 12 13	
13	7 8 9 10 11 12 1 2 3 4 5 6 7 8 9 10 11 12 13	
14	7 8 9 10 11 12 1 2 3 4 5 6 7 8 9 10 11 12 13	
15	7 8 9 10 11 12 1 2 3 4 5 6 7 8 9 10 11 12 13	
16	7 8 9 10 11 12 1 2 3 4 5 6 7 8 9 10 11 12 13	
17	7 8 9 10 11 12 1 2 3 4 5 6 7 8 9 10 11 12 13	
18	7 8 9 10 11 12 1 2 3 4 5 6 7 8 9 10 11 12 13	
19	7 8 9 10 11 12 1 2 3 4 5 6 7 8 9 10 11 12 13	
20	7 8 9 10 11 12 1 2 3 4 5 6 7 8 9 10 11 12 13	
21	7 8 9 10 11 12 1 2 3 4 5 6 7 8 9 10 11 12 13	
22	7 8 9 10 11 12 1 2 3 4 5 6 7 8 9 10 11 12 13	
23	7 8 9 10 11 12 1 2 3 4 5 6 7 8 9 10 11 12 13	
24	7 8 9 10 11 12 1 2 3 4 5 6 7 8 9 10 11 12 13	
25	7 8 9 10 11 12 1 2 3 4 5 6 7 8 9 10 11 12 13	
26	7 8 9 10 11 12 1 2 3 4 5 6 7 8 9 10 11 12 13	
27	7 8 9 10 11 12 1 2 3 4 5 6 7 8 9 10 11 12 13	
28	7 8 9 10 11 12 1 2 3 4 5 6 7 8 9 10 11 12 13	
29	7 8 9 10 11 12 1 2 3 4 5 6 7 8 9 10 11 12 13	
30	7 8 9 10 11 12 1 2 3 4 5 6 7 8 9 10 11 12 13	
31	7 8 9 10 11 12 1 2 3 4 5 6 7 8 9 10 11 12 13	

Self Care Goals

TIME FRAME	MY GOALS	STEPS I'LL TAKE

be wild ~ be true ~ be happy

Self Care CHECKLIST

MORNING ROUTINE

	1	2	3	4	5	6	7	8	9	10	11	12	13	14	15	16	17	18	19	20	21	22	23	24	25	26	27	28	29
	☐	☐	☐	☐	☐	☐	☐	☐	☐	☐	☐	☐	☐	☐	☐	☐	☐	☐	☐	☐	☐	☐	☐	☐	☐	☐	☐	☐	☐
	☐	☐	☐	☐	☐	☐	☐	☐	☐	☐	☐	☐	☐	☐	☐	☐	☐	☐	☐	☐	☐	☐	☐	☐	☐	☐	☐	☐	☐
	☐	☐	☐	☐	☐	☐	☐	☐	☐	☐	☐	☐	☐	☐	☐	☐	☐	☐	☐	☐	☐	☐	☐	☐	☐	☐	☐	☐	☐
	☐	☐	☐	☐	☐	☐	☐	☐	☐	☐	☐	☐	☐	☐	☐	☐	☐	☐	☐	☐	☐	☐	☐	☐	☐	☐	☐	☐	☐
	☐	☐	☐	☐	☐	☐	☐	☐	☐	☐	☐	☐	☐	☐	☐	☐	☐	☐	☐	☐	☐	☐	☐	☐	☐	☐	☐	☐	☐
	☐	☐	☐	☐	☐	☐	☐	☐	☐	☐	☐	☐	☐	☐	☐	☐	☐	☐	☐	☐	☐	☐	☐	☐	☐	☐	☐	☐	☐
	☐	☐	☐	☐	☐	☐	☐	☐	☐	☐	☐	☐	☐	☐	☐	☐	☐	☐	☐	☐	☐	☐	☐	☐	☐	☐	☐	☐	☐

AFTERNOON ROUTINE

	1	2	3	4	5	6	7	8	9	10	11	12	13	14	15	16	17	18	19	20	21	22	23	24	25	26	27	28	29
	☐	☐	☐	☐	☐	☐	☐	☐	☐	☐	☐	☐	☐	☐	☐	☐	☐	☐	☐	☐	☐	☐	☐	☐	☐	☐	☐	☐	☐
	☐	☐	☐	☐	☐	☐	☐	☐	☐	☐	☐	☐	☐	☐	☐	☐	☐	☐	☐	☐	☐	☐	☐	☐	☐	☐	☐	☐	☐
	☐	☐	☐	☐	☐	☐	☐	☐	☐	☐	☐	☐	☐	☐	☐	☐	☐	☐	☐	☐	☐	☐	☐	☐	☐	☐	☐	☐	☐
	☐	☐	☐	☐	☐	☐	☐	☐	☐	☐	☐	☐	☐	☐	☐	☐	☐	☐	☐	☐	☐	☐	☐	☐	☐	☐	☐	☐	☐
	☐	☐	☐	☐	☐	☐	☐	☐	☐	☐	☐	☐	☐	☐	☐	☐	☐	☐	☐	☐	☐	☐	☐	☐	☐	☐	☐	☐	☐
	☐	☐	☐	☐	☐	☐	☐	☐	☐	☐	☐	☐	☐	☐	☐	☐	☐	☐	☐	☐	☐	☐	☐	☐	☐	☐	☐	☐	☐
	☐	☐	☐	☐	☐	☐	☐	☐	☐	☐	☐	☐	☐	☐	☐	☐	☐	☐	☐	☐	☐	☐	☐	☐	☐	☐	☐	☐	☐

EVENING ROUTINE

	1	2	3	4	5	6	7	8	9	10	11	12	13	14	15	16	17	18	19	20	21	22	23	24	25	26	27	28	29
	☐	☐	☐	☐	☐	☐	☐	☐	☐	☐	☐	☐	☐	☐	☐	☐	☐	☐	☐	☐	☐	☐	☐	☐	☐	☐	☐	☐	☐
	☐	☐	☐	☐	☐	☐	☐	☐	☐	☐	☐	☐	☐	☐	☐	☐	☐	☐	☐	☐	☐	☐	☐	☐	☐	☐	☐	☐	☐
	☐	☐	☐	☐	☐	☐	☐	☐	☐	☐	☐	☐	☐	☐	☐	☐	☐	☐	☐	☐	☐	☐	☐	☐	☐	☐	☐	☐	☐
	☐	☐	☐	☐	☐	☐	☐	☐	☐	☐	☐	☐	☐	☐	☐	☐	☐	☐	☐	☐	☐	☐	☐	☐	☐	☐	☐	☐	☐
	☐	☐	☐	☐	☐	☐	☐	☐	☐	☐	☐	☐	☐	☐	☐	☐	☐	☐	☐	☐	☐	☐	☐	☐	☐	☐	☐	☐	☐
	☐	☐	☐	☐	☐	☐	☐	☐	☐	☐	☐	☐	☐	☐	☐	☐	☐	☐	☐	☐	☐	☐	☐	☐	☐	☐	☐	☐	☐
	☐	☐	☐	☐	☐	☐	☐	☐	☐	☐	☐	☐	☐	☐	☐	☐	☐	☐	☐	☐	☐	☐	☐	☐	☐	☐	☐	☐	☐

MONTHLY REFLECTION

Monthly MOOD LOG

ASSIGNED COLOR CODES

HAPPY	SAD	TIRED	

SICK	STRESSED	DEPRESSED	

EXCITED	ANGRY	NERVOUS	

ENERGETIC	FOCUSED	MOTIVATED	

MONTH

1 2 3 4 5 6 7 8 9 10 11 12 13 14 15 16 17 18 19 20 21 22 23 24 25 26 27 28 29 30 31

Gratitude TRACKER

USE THE STEPPING BLOCKS BELOW TO FILL IN
THE DAYS WHERE YOU FELT GRATEFUL.

MONTH: _____

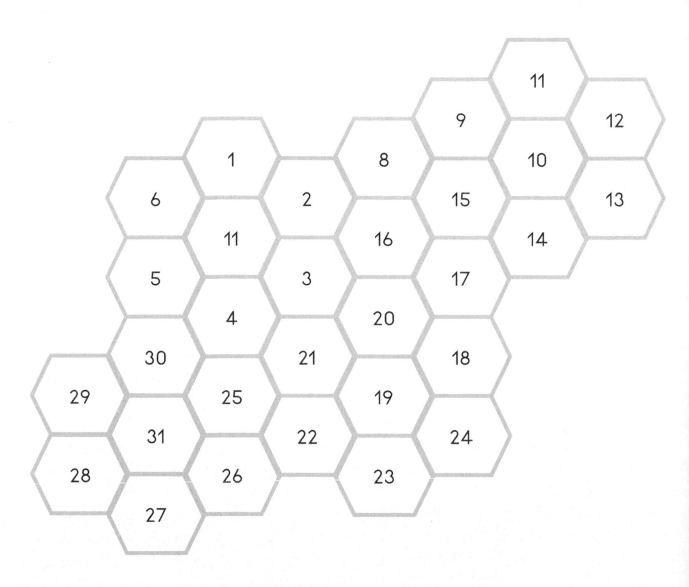

Workouts

✦ 31 DAY PLANNER ✦

FOCUS

MONTH   JAN   FEB   MAR   APR   MAY   JUN   JUL   AUG   SEP   OCT   NOV   DEC

TOP WORKOUT GOALS

DATE	WORKOUT SUMMARY	TIME	✓
1.			
2.			
3.			
4.			
5.			
6.			
7.			
8.			
9.			
10.			
11.			
12.			
13.			
14.			
15.			
16.			
17.			
18.			
19.			
20.			
21.			
22.			
23.			
24.			
25.			
26.			
27.			
28.			
29.			
30.			
31.			

FAVORITE WORKOUTS

NOTES

GRATEFUL *Heart*

WHAT I AM MOST GRATEFUL FOR

PEOPLE

1
2
3
4
5
6
7

PLACES

1
2
3
4
5
6
7

MEMORIES

1
2
3
4
5
6
7

PERSONAL MILESTONES

1
2
3
4
5
6
7

WORK LIFE

1
2
3
4
5
6
7

OTHER

1
2
3
4
5
6
7

Gratitude LOG

DAY	TODAY I AM GRATEFUL FOR:
1	
2	
3	
4	
5	
6	
7	
8	
9	
10	
11	
12	
13	
14	
15	
16	
17	
18	
19	
20	
21	
22	
23	
24	
25	
26	
27	
28	
29	
30	
31	

SLEEP LOG

YEAR: MONTH:

DAY	HOURS SLEPT	NOTES
1	7 8 9 10 11 12 1 2 3 4 5 6 7 8 9 10 11 12 13	
2	7 8 9 10 11 12 1 2 3 4 5 6 7 8 9 10 11 12 13	
3	7 8 9 10 11 12 1 2 3 4 5 6 7 8 9 10 11 12 13	
4	7 8 9 10 11 12 1 2 3 4 5 6 7 8 9 10 11 12 13	
5	7 8 9 10 11 12 1 2 3 4 5 6 7 8 9 10 11 12 13	
6	7 8 9 10 11 12 1 2 3 4 5 6 7 8 9 10 11 12 13	
7	7 8 9 10 11 12 1 2 3 4 5 6 7 8 9 10 11 12 13	
8	7 8 9 10 11 12 1 2 3 4 5 6 7 8 9 10 11 12 13	
9	7 8 9 10 11 12 1 2 3 4 5 6 7 8 9 10 11 12 13	
10	7 8 9 10 11 12 1 2 3 4 5 6 7 8 9 10 11 12 13	
11	7 8 9 10 11 12 1 2 3 4 5 6 7 8 9 10 11 12 13	
12	7 8 9 10 11 12 1 2 3 4 5 6 7 8 9 10 11 12 13	
13	7 8 9 10 11 12 1 2 3 4 5 6 7 8 9 10 11 12 13	
14	7 8 9 10 11 12 1 2 3 4 5 6 7 8 9 10 11 12 13	
15	7 8 9 10 11 12 1 2 3 4 5 6 7 8 9 10 11 12 13	
16	7 8 9 10 11 12 1 2 3 4 5 6 7 8 9 10 11 12 13	
17	7 8 9 10 11 12 1 2 3 4 5 6 7 8 9 10 11 12 13	
18	7 8 9 10 11 12 1 2 3 4 5 6 7 8 9 10 11 12 13	
19	7 8 9 10 11 12 1 2 3 4 5 6 7 8 9 10 11 12 13	
20	7 8 9 10 11 12 1 2 3 4 5 6 7 8 9 10 11 12 13	
21	7 8 9 10 11 12 1 2 3 4 5 6 7 8 9 10 11 12 13	
22	7 8 9 10 11 12 1 2 3 4 5 6 7 8 9 10 11 12 13	
23	7 8 9 10 11 12 1 2 3 4 5 6 7 8 9 10 11 12 13	
24	7 8 9 10 11 12 1 2 3 4 5 6 7 8 9 10 11 12 13	
25	7 8 9 10 11 12 1 2 3 4 5 6 7 8 9 10 11 12 13	
26	7 8 9 10 11 12 1 2 3 4 5 6 7 8 9 10 11 12 13	
27	7 8 9 10 11 12 1 2 3 4 5 6 7 8 9 10 11 12 13	
28	7 8 9 10 11 12 1 2 3 4 5 6 7 8 9 10 11 12 13	
29	7 8 9 10 11 12 1 2 3 4 5 6 7 8 9 10 11 12 13	
30	7 8 9 10 11 12 1 2 3 4 5 6 7 8 9 10 11 12 13	
31	7 8 9 10 11 12 1 2 3 4 5 6 7 8 9 10 11 12 13	

Self Care CHECKLIST

MORNING ROUTINE

1 2 3 4 5 6 7 8 9 10 11 12 13 14 15 16 17 18 19 20 21 22 23 24 25 26 27 28 29 30 31

AFTERNOON ROUTINE

1 2 3 4 5 6 7 8 9 10 11 12 13 14 15 16 17 18 19 20 21 22 23 24 25 26 27 28 29 30 31

EVENING ROUTINE

1 2 3 4 5 6 7 8 9 10 11 12 13 14 15 16 17 18 19 20 21 22 23 24 25 26 27 28 29 30 31

MONTHLY REFLECTION

Monthly MOOD LOG

ASSIGNED COLOR CODES

HAPPY

SAD

TIRED

SICK

STRESSED

DEPRESSED

EXCITED

ANGRY

NERVOUS

ENERGETIC

FOCUSED

MOTIVATED

1 2 3 4 5 6 7 8 9 10 11 12 13 14 15 16 17 18 19 20 21 22 23 24 25 26 27 28 29 30 31

MONTH

Gratitude TRACKER

USE THE STEPPING BLOCKS BELOW TO FILL IN
THE DAYS WHERE YOU FELT GRATEFUL.

MONTH:

11

9
1   8   10   12

6   2   15   13

11   16   14

5   3   17

4   20

30   21   18

29   25   19

31   22   24

28   26   23

27

Level 10 LIFESTYLE

FAMILY & FRIENDS	PERSONAL GROWTH	CAREER/BUSINESS

CONTRIBUTION/GIVING	ROMANCE	FINANCES

ENVIRONMENT	SPIRITUALITY	HEALTH/FITNESS

Workouts

✛ 31 DAY PLANNER ✛

FOCUS

MONTH	JAN	FEB	MAR	APR	MAY	JUN	JUL	AUG	SEP	OCT	NOV	DEC

TOP WORKOUT GOALS

DATE	WORKOUT SUMMARY	TIME	✓
1.			
2.			
3.			
4.			
5.			
6.			
7.			
8.			
9.			
10.			
11.			
12.			
13.			
14.			
15.			
16.			
17.			
18.			
19.			
20.			
21.			
22.			
23.			
24.			
25.			
26.			
27.			
28.			
29.			
30.			
31.			

FAVORITE WORKOUTS

NOTES

GRATEFUL *Heart*

WHAT I AM MOST GRATEFUL FOR

PEOPLE

1 _____
2 _____
3 _____
4 _____
5 _____
6 _____
7 _____

PLACES

1 _____
2 _____
3 _____
4 _____
5 _____
6 _____
7 _____

MEMORIES

1 _____
2 _____
3 _____
4 _____
5 _____
6 _____
7 _____

PERSONAL MILESTONES

1 _____
2 _____
3 _____
4 _____
5 _____
6 _____
7 _____

WORK LIFE

1 _____
2 _____
3 _____
4 _____
5 _____
6 _____
7 _____

OTHER

1 _____
2 _____
3 _____
4 _____
5 _____
6 _____
7 _____

Gratitude LOG

MONTH :

DAY   TODAY I AM GRATEFUL FOR:

1
2
3
4
5
6
7
8
9
10
11
12
13
14
15
16
17
18
19
20
21
22
23
24
25
26
27
28
29
30
31

SLEEP LOG

YEAR: MONTH:

DAY	HOURS SLEPT	NOTES
1	7 8 9 10 11 12 1 2 3 4 5 6 7 8 9 10 11 12 13	
2	7 8 9 10 11 12 1 2 3 4 5 6 7 8 9 10 11 12 13	
3	7 8 9 10 11 12 1 2 3 4 5 6 7 8 9 10 11 12 13	
4	7 8 9 10 11 12 1 2 3 4 5 6 7 8 9 10 11 12 13	
5	7 8 9 10 11 12 1 2 3 4 5 6 7 8 9 10 11 12 13	
6	7 8 9 10 11 12 1 2 3 4 5 6 7 8 9 10 11 12 13	
7	7 8 9 10 11 12 1 2 3 4 5 6 7 8 9 10 11 12 13	
8	7 8 9 10 11 12 1 2 3 4 5 6 7 8 9 10 11 12 13	
9	7 8 9 10 11 12 1 2 3 4 5 6 7 8 9 10 11 12 13	
10	7 8 9 10 11 12 1 2 3 4 5 6 7 8 9 10 11 12 13	
11	7 8 9 10 11 12 1 2 3 4 5 6 7 8 9 10 11 12 13	
12	7 8 9 10 11 12 1 2 3 4 5 6 7 8 9 10 11 12 13	
13	7 8 9 10 11 12 1 2 3 4 5 6 7 8 9 10 11 12 13	
14	7 8 9 10 11 12 1 2 3 4 5 6 7 8 9 10 11 12 13	
15	7 8 9 10 11 12 1 2 3 4 5 6 7 8 9 10 11 12 13	
16	7 8 9 10 11 12 1 2 3 4 5 6 7 8 9 10 11 12 13	
17	7 8 9 10 11 12 1 2 3 4 5 6 7 8 9 10 11 12 13	
18	7 8 9 10 11 12 1 2 3 4 5 6 7 8 9 10 11 12 13	
19	7 8 9 10 11 12 1 2 3 4 5 6 7 8 9 10 11 12 13	
20	7 8 9 10 11 12 1 2 3 4 5 6 7 8 9 10 11 12 13	
21	7 8 9 10 11 12 1 2 3 4 5 6 7 8 9 10 11 12 13	
22	7 8 9 10 11 12 1 2 3 4 5 6 7 8 9 10 11 12 13	
23	7 8 9 10 11 12 1 2 3 4 5 6 7 8 9 10 11 12 13	
24	7 8 9 10 11 12 1 2 3 4 5 6 7 8 9 10 11 12 13	
25	7 8 9 10 11 12 1 2 3 4 5 6 7 8 9 10 11 12 13	
26	7 8 9 10 11 12 1 2 3 4 5 6 7 8 9 10 11 12 13	
27	7 8 9 10 11 12 1 2 3 4 5 6 7 8 9 10 11 12 13	
28	7 8 9 10 11 12 1 2 3 4 5 6 7 8 9 10 11 12 13	
29	7 8 9 10 11 12 1 2 3 4 5 6 7 8 9 10 11 12 13	
30	7 8 9 10 11 12 1 2 3 4 5 6 7 8 9 10 11 12 13	
31	7 8 9 10 11 12 1 2 3 4 5 6 7 8 9 10 11 12 13	

Self Care CHECKLIST

MORNING ROUTINE

1 2 3 4 5 6 7 8 9 10 11 12 13 14 15 16 17 18 19 20 21 22 23 24 25 26 27 28 29 30

AFTERNOON ROUTINE

1 2 3 4 5 6 7 8 9 10 11 12 13 14 15 16 17 18 19 20 21 22 23 24 25 26 27 28 29 30

EVENING ROUTINE

1 2 3 4 5 6 7 8 9 10 11 12 13 14 15 16 17 18 19 20 21 22 23 24 25 26 27 28 29 30

MONTHLY REFLECTION

Monthly MOOD LOG

HAPPY

SAD

TIRED

SICK

STRESSED

DEPRESSED

EXCITED

ANGRY

NERVOUS

ENERGETIC

FOCUSED

MOTIVATED

1 2 3 4 5 6 7 8 9 10 11 12 13 14 15 16 17 18 19 20 21 22 23 24 25 26 27 28 29 30 31

MONTH

Gratitude TRACKER

USE THE STEPPING BLOCKS BELOW TO FILL IN
THE DAYS WHERE YOU FELT GRATEFUL.

MONTH:

11

9

1   8   12

6   2   15   10

11   16   14   13

5   3   17

4   20

30   21   18

29   25   19

31   22   24

28   26   23

27

Level 10 **LIFESTYLE**

FAMILY & FRIENDS	PERSONAL GROWTH	CAREER/BUSINESS

CONTRIBUTION/GIVING	ROMANCE	FINANCES

ENVIRONMENT	SPIRITUALITY	HEALTH/FITNESS

FOCUS

MONTH	JAN	FEB	MAR	APR	MAY	JUN	JUL	AUG	SEP	OCT	NOV	DEC

TOP WORKOUT GOALS

DATE	WORKOUT SUMMARY	TIME	✓
1.			
2.			
3.			
4.			
5.			
6.			
7.			
8.			
9.			
10.			
11.			
12.			
13.			
14.			
15.			
16.			
17.			
18.			
19.			
20.			
21.			
22.			
23.			
24.			
25.			
26.			
27.			
28.			
29.			
30.			
31.			

FAVORITE WORKOUTS

NOTES

GRATEFUL *Heart*

WHAT I AM MOST GRATEFUL FOR

PEOPLE

1
2
3
4
5
6
7

PLACES

1
2
3
4
5
6
7

MEMORIES

1
2
3
4
5
6
7

PERSONAL MILESTONES

1
2
3
4
5
6
7

WORK LIFE

1
2
3
4
5
6
7

OTHER

1
2
3
4
5
6
7

Gratitude LOG

MONTH :

DAY	TODAY I AM GRATEFUL FOR:
1	
2	
3	
4	
5	
6	
7	
8	
9	
10	
11	
12	
13	
14	
15	
16	
17	
18	
19	
20	
21	
22	
23	
24	
25	
26	
27	
28	
29	
30	
31	

SLEEP LOG

YEAR: MONTH:

DAY	HOURS SLEPT	NOTES
1	7 8 9 10 11 12 1 2 3 4 5 6 7 8 9 10 11 12 13	
2	7 8 9 10 11 12 1 2 3 4 5 6 7 8 9 10 11 12 13	
3	7 8 9 10 11 12 1 2 3 4 5 6 7 8 9 10 11 12 13	
4	7 8 9 10 11 12 1 2 3 4 5 6 7 8 9 10 11 12 13	
5	7 8 9 10 11 12 1 2 3 4 5 6 7 8 9 10 11 12 13	
6	7 8 9 10 11 12 1 2 3 4 5 6 7 8 9 10 11 12 13	
7	7 8 9 10 11 12 1 2 3 4 5 6 7 8 9 10 11 12 13	
8	7 8 9 10 11 12 1 2 3 4 5 6 7 8 9 10 11 12 13	
9	7 8 9 10 11 12 1 2 3 4 5 6 7 8 9 10 11 12 13	
10	7 8 9 10 11 12 1 2 3 4 5 6 7 8 9 10 11 12 13	
11	7 8 9 10 11 12 1 2 3 4 5 6 7 8 9 10 11 12 13	
12	7 8 9 10 11 12 1 2 3 4 5 6 7 8 9 10 11 12 13	
13	7 8 9 10 11 12 1 2 3 4 5 6 7 8 9 10 11 12 13	
14	7 8 9 10 11 12 1 2 3 4 5 6 7 8 9 10 11 12 13	
15	7 8 9 10 11 12 1 2 3 4 5 6 7 8 9 10 11 12 13	
16	7 8 9 10 11 12 1 2 3 4 5 6 7 8 9 10 11 12 13	
17	7 8 9 10 11 12 1 2 3 4 5 6 7 8 9 10 11 12 13	
18	7 8 9 10 11 12 1 2 3 4 5 6 7 8 9 10 11 12 13	
19	7 8 9 10 11 12 1 2 3 4 5 6 7 8 9 10 11 12 13	
20	7 8 9 10 11 12 1 2 3 4 5 6 7 8 9 10 11 12 13	
21	7 8 9 10 11 12 1 2 3 4 5 6 7 8 9 10 11 12 13	
22	7 8 9 10 11 12 1 2 3 4 5 6 7 8 9 10 11 12 13	
23	7 8 9 10 11 12 1 2 3 4 5 6 7 8 9 10 11 12 13	
24	7 8 9 10 11 12 1 2 3 4 5 6 7 8 9 10 11 12 13	
25	7 8 9 10 11 12 1 2 3 4 5 6 7 8 9 10 11 12 13	
26	7 8 9 10 11 12 1 2 3 4 5 6 7 8 9 10 11 12 13	
27	7 8 9 10 11 12 1 2 3 4 5 6 7 8 9 10 11 12 13	
28	7 8 9 10 11 12 1 2 3 4 5 6 7 8 9 10 11 12 13	
29	7 8 9 10 11 12 1 2 3 4 5 6 7 8 9 10 11 12 13	
30	7 8 9 10 11 12 1 2 3 4 5 6 7 8 9 10 11 12 13	
31	7 8 9 10 11 12 1 2 3 4 5 6 7 8 9 10 11 12 13	

Self Care Goals

TIME FRAME	MY GOALS	STEPS I'LL TAKE

be wild ~ *be true* ~ *be happy*

Self Care CHECKLIST

MAY 2020

MORNING ROUTINE

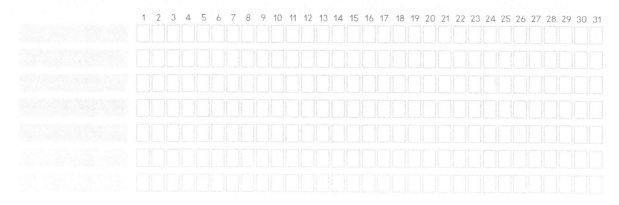

AFTERNOON ROUTINE

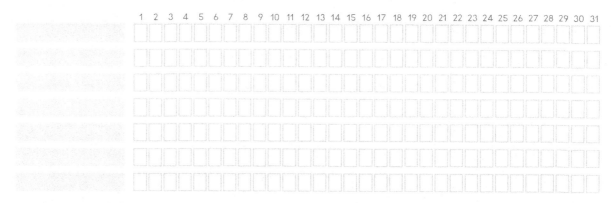

EVENING ROUTINE

	1	2	3	4	5	6	7	8	9	10	11	12	13	14	15	16	17	18	19	20	21	22	23	24	25	26	27	28	29	30	31

MONTHLY REFLECTION

Monthly MOOD LOG

ASSIGNED COLOR CODES

HAPPY

SAD

TIRED

SICK

STRESSED

DEPRESSED

EXCITED

ANGRY

NERVOUS

ENERGETIC

FOCUSED

MOTIVATED

MONTH

1
2
3
4
5
6
7
8
9
10
11
12
13
14
15
16
17
18
19
20
21
22
23
24
25
26
27
28
29
30
31

Gratitude TRACKER

USE THE STEPPING BLOCKS BELOW TO FILL IN
THE DAYS WHERE YOU FELT GRATEFUL.

MONTH: _____

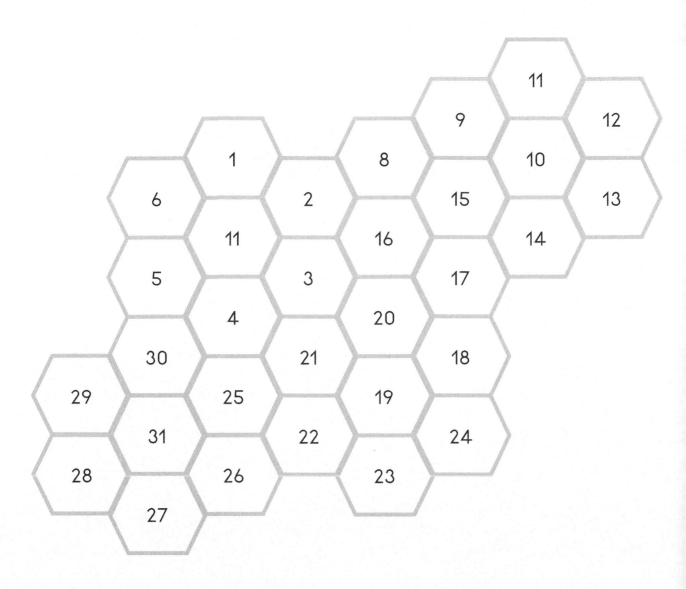

Level 10 **LIFESTYLE**

FAMILY & FRIENDS	PERSONAL GROWTH	CAREER/BUSINESS

CONTRIBUTION/GIVING	ROMANCE	FINANCES

ENVIRONMENT	SPIRITUALITY	HEALTH/FITNESS

Workouts

✦ 31 DAY PLANNER ✦

FOCUS

MONTH	JAN	FEB	MAR	APR	MAY	JUN	JUL	AUG	SEP	OCT	NOV	DEC

TOP WORKOUT GOALS

....
....
....
....
....
....
....

FAVORITE WORKOUTS

....
....
....
....
....
....
....
....

NOTES

....
....
....
....
....
....
....
....
....
....

DATE	WORKOUT SUMMARY	TIME	✓
1.			○
2.			○
3.			○
4.			○
5.			○
6.			○
7.			○
8.			○
9.			○
10.			○
11.			○
12.			○
13.			○
14.			○
15.			○
16.			○
17.			○
18.			○
19.			○
20.			○
21.			○
22.			○
23.			○
24.			○
25.			○
26.			○
27.			○
28.			○
29.			○
30.			○
31.			○

GRATEFUL *Heart*

WHAT I AM MOST GRATEFUL FOR

PEOPLE

1
2
3
4
5
6
7

PLACES

1
2
3
4
5
6
7

MEMORIES

1
2
3
4
5
6
7

PERSONAL MILESTONES

1
2
3
4
5
6
7

WORK LIFE

1
2
3
4
5
6
7

OTHER

1
2
3
4
5
6
7

Gratitude LOG

MONTH : _____

DAY	TODAY I AM GRATEFUL FOR:
1	
2	
3	
4	
5	
6	
7	
8	
9	
10	
11	
12	
13	
14	
15	
16	
17	
18	
19	
20	
21	
22	
23	
24	
25	
26	
27	
28	
29	
30	
31	

SLEEP LOG

YEAR: MONTH:

DAY	HOURS SLEPT	NOTES
1	7 8 9 10 11 12 1 2 3 4 5 6 7 8 9 10 11 12 13	
2	7 8 9 10 11 12 1 2 3 4 5 6 7 8 9 10 11 12 13	
3	7 8 9 10 11 12 1 2 3 4 5 6 7 8 9 10 11 12 13	
4	7 8 9 10 11 12 1 2 3 4 5 6 7 8 9 10 11 12 13	
5	7 8 9 10 11 12 1 2 3 4 5 6 7 8 9 10 11 12 13	
6	7 8 9 10 11 12 1 2 3 4 5 6 7 8 9 10 11 12 13	
7	7 8 9 10 11 12 1 2 3 4 5 6 7 8 9 10 11 12 13	
8	7 8 9 10 11 12 1 2 3 4 5 6 7 8 9 10 11 12 13	
9	7 8 9 10 11 12 1 2 3 4 5 6 7 8 9 10 11 12 13	
10	7 8 9 10 11 12 1 2 3 4 5 6 7 8 9 10 11 12 13	
11	7 8 9 10 11 12 1 2 3 4 5 6 7 8 9 10 11 12 13	
12	7 8 9 10 11 12 1 2 3 4 5 6 7 8 9 10 11 12 13	
13	7 8 9 10 11 12 1 2 3 4 5 6 7 8 9 10 11 12 13	
14	7 8 9 10 11 12 1 2 3 4 5 6 7 8 9 10 11 12 13	
15	7 8 9 10 11 12 1 2 3 4 5 6 7 8 9 10 11 12 13	
16	7 8 9 10 11 12 1 2 3 4 5 6 7 8 9 10 11 12 13	
17	7 8 9 10 11 12 1 2 3 4 5 6 7 8 9 10 11 12 13	
18	7 8 9 10 11 12 1 2 3 4 5 6 7 8 9 10 11 12 13	
19	7 8 9 10 11 12 1 2 3 4 5 6 7 8 9 10 11 12 13	
20	7 8 9 10 11 12 1 2 3 4 5 6 7 8 9 10 11 12 13	
21	7 8 9 10 11 12 1 2 3 4 5 6 7 8 9 10 11 12 13	
22	7 8 9 10 11 12 1 2 3 4 5 6 7 8 9 10 11 12 13	
23	7 8 9 10 11 12 1 2 3 4 5 6 7 8 9 10 11 12 13	
24	7 8 9 10 11 12 1 2 3 4 5 6 7 8 9 10 11 12 13	
25	7 8 9 10 11 12 1 2 3 4 5 6 7 8 9 10 11 12 13	
26	7 8 9 10 11 12 1 2 3 4 5 6 7 8 9 10 11 12 13	
27	7 8 9 10 11 12 1 2 3 4 5 6 7 8 9 10 11 12 13	
28	7 8 9 10 11 12 1 2 3 4 5 6 7 8 9 10 11 12 13	
29	7 8 9 10 11 12 1 2 3 4 5 6 7 8 9 10 11 12 13	
30	7 8 9 10 11 12 1 2 3 4 5 6 7 8 9 10 11 12 13	
31	7 8 9 10 11 12 1 2 3 4 5 6 7 8 9 10 11 12 13	

Self Care Goals

TIME FRAME	MY GOALS	STEPS I'LL TAKE

be wild ~ be true ~ be happy

Self Care CHECKLIST

MORNING ROUTINE

1 2 3 4 5 6 7 8 9 10 11 12 13 14 15 16 17 18 19 20 21 22 23 24 25 26 27 28 29 30

AFTERNOON ROUTINE

1 2 3 4 5 6 7 8 9 10 11 12 13 14 15 16 17 18 19 20 21 22 23 24 25 26 27 28 29 30

EVENING ROUTINE

1 2 3 4 5 6 7 8 9 10 11 12 13 14 15 16 17 18 19 20 21 22 23 24 25 26 27 28 29 30

MONTHLY REFLECTION

Monthly MOOD LOG

HAPPY	SAD	TIRED	

SICK	STRESSED	DEPRESSED	

EXCITED	ANGRY	NERVOUS	

ENERGETIC	FOCUSED	MOTIVATED	

MONTH

1 2 3 4 5 6 7 8 9 10 11 12 13 14 15 16 17 18 19 20 21 22 23 24 25 26 27 28 29 30 31

Gratitude TRACKER

USE THE STEPPING BLOCKS BELOW TO FILL IN
THE DAYS WHERE YOU FELT GRATEFUL.

MONTH:

11

9
12

1
8
10

6
2
15
13

11
16
14

5
3
17

4
20

30
21
18

29
25
19

31
22
24

28
26
23

27

Level 10 LIFESTYLE

FAMILY & FRIENDS	PERSONAL GROWTH	CAREER/BUSINESS

CONTRIBUTION/GIVING	ROMANCE	FINANCES

ENVIRONMENT	SPIRITUALITY	HEALTH/FITNESS

Workouts

✦ 31 DAY PLANNER ✦

FOCUS

MONTH   JAN   FEB   MAR   APR   MAY   JUN   JUL   AUG   SEP   OCT   NOV   DEC

TOP WORKOUT GOALS

FAVORITE WORKOUTS

NOTES

DATE	WORKOUT SUMMARY	TIME	✓
1.			
2.			
3.			
4.			
5.			
6.			
7.			
8.			
9.			
10.			
11.			
12.			
13.			
14.			
15.			
16.			
17.			
18.			
19.			
20.			
21.			
22.			
23.			
24.			
25.			
26.			
27.			
28.			
29.			
30.			
31.			

GRATEFUL *Heart*

WHAT I AM MOST GRATEFUL FOR

PEOPLE

1 _____
2 _____
3 _____
4 _____
5 _____
6 _____
7 _____

PLACES

1 _____
2 _____
3 _____
4 _____
5 _____
6 _____
7 _____

MEMORIES

1 _____
2 _____
3 _____
4 _____
5 _____
6 _____
7 _____

PERSONAL MILESTONES

1 _____
2 _____
3 _____
4 _____
5 _____
6 _____
7 _____

WORK LIFE

1 _____
2 _____
3 _____
4 _____
5 _____
6 _____
7 _____

OTHER

1 _____
2 _____
3 _____
4 _____
5 _____
6 _____
7 _____

Gratitude LOG

MONTH :

DAY	TODAY I AM GRATEFUL FOR:
1	
2	
3	
4	
5	
6	
7	
8	
9	
10	
11	
12	
13	
14	
15	
16	
17	
18	
19	
20	
21	
22	
23	
24	
25	
26	
27	
28	
29	
30	
31	

SLEEP LOG

YEAR: MONTH:

DAY	HOURS SLEPT	NOTES
1	7 8 9 10 11 12 1 2 3 4 5 6 7 8 9 10 11 12 13	
2	7 8 9 10 11 12 1 2 3 4 5 6 7 8 9 10 11 12 13	
3	7 8 9 10 11 12 1 2 3 4 5 6 7 8 9 10 11 12 13	
4	7 8 9 10 11 12 1 2 3 4 5 6 7 8 9 10 11 12 13	
5	7 8 9 10 11 12 1 2 3 4 5 6 7 8 9 10 11 12 13	
6	7 8 9 10 11 12 1 2 3 4 5 6 7 8 9 10 11 12 13	
7	7 8 9 10 11 12 1 2 3 4 5 6 7 8 9 10 11 12 13	
8	7 8 9 10 11 12 1 2 3 4 5 6 7 8 9 10 11 12 13	
9	7 8 9 10 11 12 1 2 3 4 5 6 7 8 9 10 11 12 13	
10	7 8 9 10 11 12 1 2 3 4 5 6 7 8 9 10 11 12 13	
11	7 8 9 10 11 12 1 2 3 4 5 6 7 8 9 10 11 12 13	
12	7 8 9 10 11 12 1 2 3 4 5 6 7 8 9 10 11 12 13	
13	7 8 9 10 11 12 1 2 3 4 5 6 7 8 9 10 11 12 13	
14	7 8 9 10 11 12 1 2 3 4 5 6 7 8 9 10 11 12 13	
15	7 8 9 10 11 12 1 2 3 4 5 6 7 8 9 10 11 12 13	
16	7 8 9 10 11 12 1 2 3 4 5 6 7 8 9 10 11 12 13	
17	7 8 9 10 11 12 1 2 3 4 5 6 7 8 9 10 11 12 13	
18	7 8 9 10 11 12 1 2 3 4 5 6 7 8 9 10 11 12 13	
19	7 8 9 10 11 12 1 2 3 4 5 6 7 8 9 10 11 12 13	
20	7 8 9 10 11 12 1 2 3 4 5 6 7 8 9 10 11 12 13	
21	7 8 9 10 11 12 1 2 3 4 5 6 7 8 9 10 11 12 13	
22	7 8 9 10 11 12 1 2 3 4 5 6 7 8 9 10 11 12 13	
23	7 8 9 10 11 12 1 2 3 4 5 6 7 8 9 10 11 12 13	
24	7 8 9 10 11 12 1 2 3 4 5 6 7 8 9 10 11 12 13	
25	7 8 9 10 11 12 1 2 3 4 5 6 7 8 9 10 11 12 13	
26	7 8 9 10 11 12 1 2 3 4 5 6 7 8 9 10 11 12 13	
27	7 8 9 10 11 12 1 2 3 4 5 6 7 8 9 10 11 12 13	
28	7 8 9 10 11 12 1 2 3 4 5 6 7 8 9 10 11 12 13	
29	7 8 9 10 11 12 1 2 3 4 5 6 7 8 9 10 11 12 13	
30	7 8 9 10 11 12 1 2 3 4 5 6 7 8 9 10 11 12 13	
31	7 8 9 10 11 12 1 2 3 4 5 6 7 8 9 10 11 12 13	

Self Care CHECKLIST

MORNING ROUTINE

1 2 3 4 5 6 7 8 9 10 11 12 13 14 15 16 17 18 19 20 21 22 23 24 25 26 27 28 29 30 31

AFTERNOON ROUTINE

1 2 3 4 5 6 7 8 9 10 11 12 13 14 15 16 17 18 19 20 21 22 23 24 25 26 27 28 29 30 31

EVENING ROUTINE

1 2 3 4 5 6 7 8 9 10 11 12 13 14 15 16 17 18 19 20 21 22 23 24 25 26 27 28 29 30 31

MONTHLY REFLECTION

Monthly MOOD LOG

HAPPY

SAD

TIRED

SICK

STRESSED

DEPRESSED

EXCITED

ANGRY

NERVOUS

ENERGETIC

FOCUSED

MOTIVATED

1 2 3 4 5 6 7 8 9 10 11 12 13 14 15 16 17 18 19 20 21 22 23 24 25 26 27 28 29 30 31

MONTH

Gratitude TRACKER

USE THE STEPPING BLOCKS BELOW TO FILL IN
THE DAYS WHERE YOU FELT GRATEFUL.

MONTH: _____

11

9

1   8   10   12

6   2   15   13

11   16   14

5   3   17

4   20

30   21   18

29   25   19

31   22   24

28   26   23

27

Level 10 LIFESTYLE

FAMILY & FRIENDS	PERSONAL GROWTH	CAREER/BUSINESS

CONTRIBUTION/GIVING	ROMANCE	FINANCES

ENVIRONMENT	SPIRITUALITY	HEALTH/FITNESS

FOCUS

| MONTH | JAN | FEB | MAR | APR | MAY | JUN | JUL | AUG | SEP | OCT | NOV | DEC |

TOP WORKOUT GOALS

DATE	WORKOUT SUMMARY	TIME	✓
1.			
2.			
3.			
4.			
5.			
6.			
7.			
8.			
9.			
10.			
11.			
12.			
13.			
14.			
15.			
16.			
17.			
18.			
19.			
20.			
21.			
22.			
23.			
24.			
25.			
26.			
27.			
28.			
29.			
30.			
31.			

FAVORITE WORKOUTS

NOTES

GRATEFUL *Heart*

WHAT I AM MOST GRATEFUL FOR

PEOPLE

1 _____
2 _____
3 _____
4 _____
5 _____
6 _____
7 _____

PLACES

1 _____
2 _____
3 _____
4 _____
5 _____
6 _____
7 _____

MEMORIES

1 _____
2 _____
3 _____
4 _____
5 _____
6 _____
7 _____

PERSONAL MILESTONES

1 _____
2 _____
3 _____
4 _____
5 _____
6 _____
7 _____

WORK LIFE

1 _____
2 _____
3 _____
4 _____
5 _____
6 _____
7 _____

OTHER

1 _____
2 _____
3 _____
4 _____
5 _____
6 _____
7 _____

Gratitude LOG

DAY	TODAY I AM GRATEFUL FOR:
1	
2	
3	
4	
5	
6	
7	
8	
9	
10	
11	
12	
13	
14	
15	
16	
17	
18	
19	
20	
21	
22	
23	
24	
25	
26	
27	
28	
29	
30	
31	

SLEEP LOG

YEAR: MONTH:

DAY	HOURS SLEPT	NOTES
1	7 8 9 10 11 12 1 2 3 4 5 6 7 8 9 10 11 12 13	
2	7 8 9 10 11 12 1 2 3 4 5 6 7 8 9 10 11 12 13	
3	7 8 9 10 11 12 1 2 3 4 5 6 7 8 9 10 11 12 13	
4	7 8 9 10 11 12 1 2 3 4 5 6 7 8 9 10 11 12 13	
5	7 8 9 10 11 12 1 2 3 4 5 6 7 8 9 10 11 12 13	
6	7 8 9 10 11 12 1 2 3 4 5 6 7 8 9 10 11 12 13	
7	7 8 9 10 11 12 1 2 3 4 5 6 7 8 9 10 11 12 13	
8	7 8 9 10 11 12 1 2 3 4 5 6 7 8 9 10 11 12 13	
9	7 8 9 10 11 12 1 2 3 4 5 6 7 8 9 10 11 12 13	
10	7 8 9 10 11 12 1 2 3 4 5 6 7 8 9 10 11 12 13	
11	7 8 9 10 11 12 1 2 3 4 5 6 7 8 9 10 11 12 13	
12	7 8 9 10 11 12 1 2 3 4 5 6 7 8 9 10 11 12 13	
13	7 8 9 10 11 12 1 2 3 4 5 6 7 8 9 10 11 12 13	
14	7 8 9 10 11 12 1 2 3 4 5 6 7 8 9 10 11 12 13	
15	7 8 9 10 11 12 1 2 3 4 5 6 7 8 9 10 11 12 13	
16	7 8 9 10 11 12 1 2 3 4 5 6 7 8 9 10 11 12 13	
17	7 8 9 10 11 12 1 2 3 4 5 6 7 8 9 10 11 12 13	
18	7 8 9 10 11 12 1 2 3 4 5 6 7 8 9 10 11 12 13	
19	7 8 9 10 11 12 1 2 3 4 5 6 7 8 9 10 11 12 13	
20	7 8 9 10 11 12 1 2 3 4 5 6 7 8 9 10 11 12 13	
21	7 8 9 10 11 12 1 2 3 4 5 6 7 8 9 10 11 12 13	
22	7 8 9 10 11 12 1 2 3 4 5 6 7 8 9 10 11 12 13	
23	7 8 9 10 11 12 1 2 3 4 5 6 7 8 9 10 11 12 13	
24	7 8 9 10 11 12 1 2 3 4 5 6 7 8 9 10 11 12 13	
25	7 8 9 10 11 12 1 2 3 4 5 6 7 8 9 10 11 12 13	
26	7 8 9 10 11 12 1 2 3 4 5 6 7 8 9 10 11 12 13	
27	7 8 9 10 11 12 1 2 3 4 5 6 7 8 9 10 11 12 13	
28	7 8 9 10 11 12 1 2 3 4 5 6 7 8 9 10 11 12 13	
29	7 8 9 10 11 12 1 2 3 4 5 6 7 8 9 10 11 12 13	
30	7 8 9 10 11 12 1 2 3 4 5 6 7 8 9 10 11 12 13	
31	7 8 9 10 11 12 1 2 3 4 5 6 7 8 9 10 11 12 13	

Self Care CHECKLIST

MORNING ROUTINE

1 2 3 4 5 6 7 8 9 10 11 12 13 14 15 16 17 18 19 20 21 22 23 24 25 26 27 28 29 30 31

AFTERNOON ROUTINE

1 2 3 4 5 6 7 8 9 10 11 12 13 14 15 16 17 18 19 20 21 22 23 24 25 26 27 28 29 30 31

EVENING ROUTINE

1 2 3 4 5 6 7 8 9 10 11 12 13 14 15 16 17 18 19 20 21 22 23 24 25 26 27 28 29 30 31

MONTHLY REFLECTION

Monthly MOOD LOG

ASSIGNED COLOR CODES

HAPPY	SAD	TIRED	

SICK	STRESSED	DEPRESSED	

EXCITED	ANGRY	NERVOUS	

ENERGETIC	FOCUSED	MOTIVATED	

MONTH

1 2 3 4 5 6 7 8 9 10 11 12 13 14 15 16 17 18 19 20 21 22 23 24 25 26 27 28 29 30 31

Gratitude TRACKER

USE THE STEPPING BLOCKS BELOW TO FILL IN
THE DAYS WHERE YOU FELT GRATEFUL.

MONTH:

1 6 11 5 4 30 29 31 28 27 2 3 21 25 22 26 8 16 20 19 23 24 9 15 17 18 11 10 14 12 13

Level 10 LIFESTYLE

FAMILY & FRIENDS	PERSONAL GROWTH	CAREER/BUSINESS

CONTRIBUTION/GIVING	ROMANCE	FINANCES

ENVIRONMENT	SPIRITUALITY	HEALTH/FITNESS

Workouts

✦ 31 DAY PLANNER ✦

FOCUS

MONTH	JAN	FEB	MAR	APR	MAY	JUN	JUL	AUG	SEP	OCT	NOV	DEC

TOP WORKOUT GOALS

DATE	WORKOUT SUMMARY	TIME	✓
1.			
2.			
3.			
4.			
5.			
6.			
7.			
8.			
9.			
10.			
11.			
12.			
13.			
14.			
15.			
16.			
17.			
18.			
19.			
20.			
21.			
22.			
23.			
24.			
25.			
26.			
27.			
28.			
29.			
30.			
31.			

FAVORITE WORKOUTS

NOTES

GRATEFUL *Heart*

WHAT I AM MOST GRATEFUL FOR

PEOPLE

1
2
3
4
5
6
7

PLACES

1
2
3
4
5
6
7

MEMORIES

1
2
3
4
5
6
7

PERSONAL MILESTONES

1
2
3
4
5
6
7

WORK LIFE

1
2
3
4
5
6
7

OTHER

1
2
3
4
5
6
7

Gratitude LOG

DAY	TODAY I AM GRATEFUL FOR:
1	
2	
3	
4	
5	
6	
7	
8	
9	
10	
11	
12	
13	
14	
15	
16	
17	
18	
19	
20	
21	
22	
23	
24	
25	
26	
27	
28	
29	
30	
31	

SLEEP LOG

	YEAR:	MONTH:

DAY	HOURS SLEPT	NOTES
1	7 8 9 10 11 12 1 2 3 4 5 6 7 8 9 10 11 12 13	
2	7 8 9 10 11 12 1 2 3 4 5 6 7 8 9 10 11 12 13	
3	7 8 9 10 11 12 1 2 3 4 5 6 7 8 9 10 11 12 13	
4	7 8 9 10 11 12 1 2 3 4 5 6 7 8 9 10 11 12 13	
5	7 8 9 10 11 12 1 2 3 4 5 6 7 8 9 10 11 12 13	
6	7 8 9 10 11 12 1 2 3 4 5 6 7 8 9 10 11 12 13	
7	7 8 9 10 11 12 1 2 3 4 5 6 7 8 9 10 11 12 13	
8	7 8 9 10 11 12 1 2 3 4 5 6 7 8 9 10 11 12 13	
9	7 8 9 10 11 12 1 2 3 4 5 6 7 8 9 10 11 12 13	
10	7 8 9 10 11 12 1 2 3 4 5 6 7 8 9 10 11 12 13	
11	7 8 9 10 11 12 1 2 3 4 5 6 7 8 9 10 11 12 13	
12	7 8 9 10 11 12 1 2 3 4 5 6 7 8 9 10 11 12 13	
13	7 8 9 10 11 12 1 2 3 4 5 6 7 8 9 10 11 12 13	
14	7 8 9 10 11 12 1 2 3 4 5 6 7 8 9 10 11 12 13	
15	7 8 9 10 11 12 1 2 3 4 5 6 7 8 9 10 11 12 13	
16	7 8 9 10 11 12 1 2 3 4 5 6 7 8 9 10 11 12 13	
17	7 8 9 10 11 12 1 2 3 4 5 6 7 8 9 10 11 12 13	
18	7 8 9 10 11 12 1 2 3 4 5 6 7 8 9 10 11 12 13	
19	7 8 9 10 11 12 1 2 3 4 5 6 7 8 9 10 11 12 13	
20	7 8 9 10 11 12 1 2 3 4 5 6 7 8 9 10 11 12 13	
21	7 8 9 10 11 12 1 2 3 4 5 6 7 8 9 10 11 12 13	
22	7 8 9 10 11 12 1 2 3 4 5 6 7 8 9 10 11 12 13	
23	7 8 9 10 11 12 1 2 3 4 5 6 7 8 9 10 11 12 13	
24	7 8 9 10 11 12 1 2 3 4 5 6 7 8 9 10 11 12 13	
25	7 8 9 10 11 12 1 2 3 4 5 6 7 8 9 10 11 12 13	
26	7 8 9 10 11 12 1 2 3 4 5 6 7 8 9 10 11 12 13	
27	7 8 9 10 11 12 1 2 3 4 5 6 7 8 9 10 11 12 13	
28	7 8 9 10 11 12 1 2 3 4 5 6 7 8 9 10 11 12 13	
29	7 8 9 10 11 12 1 2 3 4 5 6 7 8 9 10 11 12 13	
30	7 8 9 10 11 12 1 2 3 4 5 6 7 8 9 10 11 12 13	
31	7 8 9 10 11 12 1 2 3 4 5 6 7 8 9 10 11 12 13	

Self Care CHECKLIST

MORNING ROUTINE

1 2 3 4 5 6 7 8 9 10 11 12 13 14 15 16 17 18 19 20 21 22 23 24 25 26 27 28 29 30

AFTERNOON ROUTINE

1 2 3 4 5 6 7 8 9 10 11 12 13 14 15 16 17 18 19 20 21 22 23 24 25 26 27 28 29 30

EVENING ROUTINE

1 2 3 4 5 6 7 8 9 10 11 12 13 14 15 16 17 18 19 20 21 22 23 24 25 26 27 28 29 30

MONTHLY REFLECTION

Monthly MOOD LOG

ASSIGNED COLOR CODES

HAPPY

SAD

TIRED

SICK

STRESSED

DEPRESSED

EXCITED

ANGRY

NERVOUS

ENERGETIC

FOCUSED

MOTIVATED

MONTH

1 2 3 4 5 6 7 8 9 10 11 12 13 14 15 16 17 18 19 20 21 22 23 24 25 26 27 28 29 30 31

Gratitude TRACKER

USE THE STEPPING BLOCKS BELOW TO FILL IN
THE DAYS WHERE YOU FELT GRATEFUL.

MONTH:

11

9

12

1

8

10

6

2

15

13

11

16

14

5

3

17

4

20

30

21

18

29

25

19

31

22

24

28

26

23

27

Level 10 **LIFESTYLE**

FAMILY & FRIENDS	PERSONAL GROWTH	CAREER/BUSINESS

CONTRIBUTION/GIVING	ROMANCE	FINANCES

ENVIRONMENT	SPIRITUALITY	HEALTH/FITNESS

Workouts

✦ 31 DAY PLANNER ✦

FOCUS

MONTH	JAN	FEB	MAR	APR	MAY	JUN	JUL	AUG	SEP	OCT	NOV	DEC

TOP WORKOUT GOALS

DATE	WORKOUT SUMMARY	TIME	✓
1.			
2.			
3.			
4.			
5.			
6.			
7.			
8.			
9.			
10.			
11.			
12.			
13.			
14.			
15.			
16.			
17.			
18.			
19.			
20.			
21.			
22.			
23.			
24.			
25.			
26.			
27.			
28.			
29.			
30.			
31.			

FAVORITE WORKOUTS

NOTES

GRATEFUL *Heart*

WHAT I AM MOST GRATEFUL FOR

PEOPLE

1 _____
2 _____
3 _____
4 _____
5 _____
6 _____
7 _____

PLACES

1 _____
2 _____
3 _____
4 _____
5 _____
6 _____
7 _____

MEMORIES

1 _____
2 _____
3 _____
4 _____
5 _____
6 _____
7 _____

PERSONAL MILESTONES

1 _____
2 _____
3 _____
4 _____
5 _____
6 _____
7 _____

WORK LIFE

1 _____
2 _____
3 _____
4 _____
5 _____
6 _____
7 _____

OTHER

1 _____
2 _____
3 _____
4 _____
5 _____
6 _____
7 _____

Gratitude LOG

DAY	TODAY I AM GRATEFUL FOR:
1	
2	
3	
4	
5	
6	
7	
8	
9	
10	
11	
12	
13	
14	
15	
16	
17	
18	
19	
20	
21	
22	
23	
24	
25	
26	
27	
28	
29	
30	
31	

SLEEP LOG

YEAR:	MONTH:

DAY	HOURS SLEPT	NOTES
1	7 8 9 10 11 12 1 2 3 4 5 6 7 8 9 10 11 12 13	
2	7 8 9 10 11 12 1 2 3 4 5 6 7 8 9 10 11 12 13	
3	7 8 9 10 11 12 1 2 3 4 5 6 7 8 9 10 11 12 13	
4	7 8 9 10 11 12 1 2 3 4 5 6 7 8 9 10 11 12 13	
5	7 8 9 10 11 12 1 2 3 4 5 6 7 8 9 10 11 12 13	
6	7 8 9 10 11 12 1 2 3 4 5 6 7 8 9 10 11 12 13	
7	7 8 9 10 11 12 1 2 3 4 5 6 7 8 9 10 11 12 13	
8	7 8 9 10 11 12 1 2 3 4 5 6 7 8 9 10 11 12 13	
9	7 8 9 10 11 12 1 2 3 4 5 6 7 8 9 10 11 12 13	
10	7 8 9 10 11 12 1 2 3 4 5 6 7 8 9 10 11 12 13	
11	7 8 9 10 11 12 1 2 3 4 5 6 7 8 9 10 11 12 13	
12	7 8 9 10 11 12 1 2 3 4 5 6 7 8 9 10 11 12 13	
13	7 8 9 10 11 12 1 2 3 4 5 6 7 8 9 10 11 12 13	
14	7 8 9 10 11 12 1 2 3 4 5 6 7 8 9 10 11 12 13	
15	7 8 9 10 11 12 1 2 3 4 5 6 7 8 9 10 11 12 13	
16	7 8 9 10 11 12 1 2 3 4 5 6 7 8 9 10 11 12 13	
17	7 8 9 10 11 12 1 2 3 4 5 6 7 8 9 10 11 12 13	
18	7 8 9 10 11 12 1 2 3 4 5 6 7 8 9 10 11 12 13	
19	7 8 9 10 11 12 1 2 3 4 5 6 7 8 9 10 11 12 13	
20	7 8 9 10 11 12 1 2 3 4 5 6 7 8 9 10 11 12 13	
21	7 8 9 10 11 12 1 2 3 4 5 6 7 8 9 10 11 12 13	
22	7 8 9 10 11 12 1 2 3 4 5 6 7 8 9 10 11 12 13	
23	7 8 9 10 11 12 1 2 3 4 5 6 7 8 9 10 11 12 13	
24	7 8 9 10 11 12 1 2 3 4 5 6 7 8 9 10 11 12 13	
25	7 8 9 10 11 12 1 2 3 4 5 6 7 8 9 10 11 12 13	
26	7 8 9 10 11 12 1 2 3 4 5 6 7 8 9 10 11 12 13	
27	7 8 9 10 11 12 1 2 3 4 5 6 7 8 9 10 11 12 13	
28	7 8 9 10 11 12 1 2 3 4 5 6 7 8 9 10 11 12 13	
29	7 8 9 10 11 12 1 2 3 4 5 6 7 8 9 10 11 12 13	
30	7 8 9 10 11 12 1 2 3 4 5 6 7 8 9 10 11 12 13	
31	7 8 9 10 11 12 1 2 3 4 5 6 7 8 9 10 11 12 13	

Self Care Goals

TIME FRAME	MY GOALS	STEPS I'LL TAKE

be wild ~ be true ~ be happy

Self Care CHECKLIST

OCTOBER 2020

MORNING ROUTINE

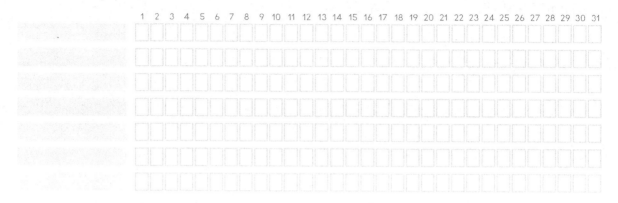

AFTERNOON ROUTINE

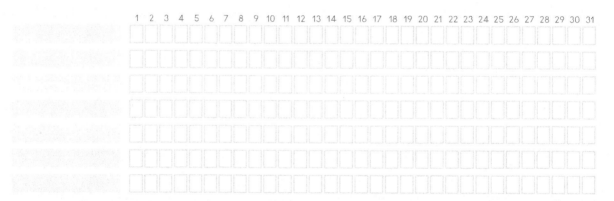

EVENING ROUTINE

1 2 3 4 5 6 7 8 9 10 11 12 13 14 15 16 17 18 19 20 21 22 23 24 25 26 27 28 29 30 31

MONTHLY REFLECTION

Monthly MOOD LOG

ASSIGNED COLOR CODES

HAPPY

SAD

TIRED

SICK

STRESSED

DEPRESSED

EXCITED

ANGRY

NERVOUS

ENERGETIC

FOCUSED

MOTIVATED

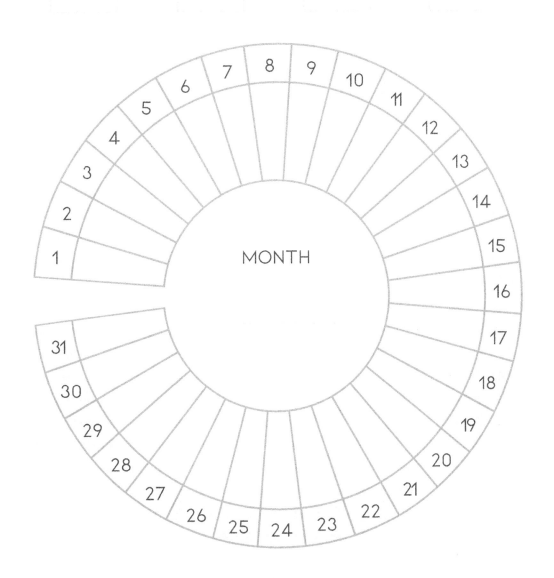

MONTH

Gratitude TRACKER

USE THE STEPPING BLOCKS BELOW TO FILL IN
THE DAYS WHERE YOU FELT GRATEFUL.

MONTH: _____

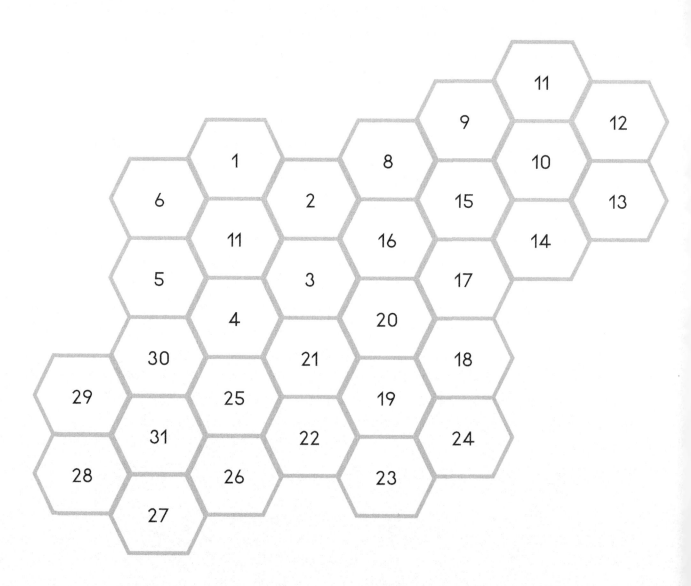

Level 10 **LIFESTYLE**

FAMILY & FRIENDS	PERSONAL GROWTH	CAREER/BUSINESS

CONTRIBUTION/GIVING	ROMANCE	FINANCES

ENVIRONMENT	SPIRITUALITY	HEALTH/FITNESS

Workouts
✦ 31 DAY PLANNER ✦

FOCUS

MONTH	JAN	FEB	MAR	APR	MAY	JUN	JUL	AUG	SEP	OCT	NOV	DEC

TOP WORKOUT GOALS

FAVORITE WORKOUTS

NOTES

DATE	WORKOUT SUMMARY	TIME	✓
1.			○
2.			○
3.			○
4.			○
5.			○
6.			○
7.			○
8.			○
9.			○
10.			○
11.			○
12.			○
13.			○
14.			○
15.			○
16.			○
17.			○
18.			○
19.			○
20.			○
21.			○
22.			○
23.			○
24.			○
25.			○
26.			○
27.			○
28.			○
29.			○
30.			○
31.			○

GRATEFUL *Heart*

WHAT I AM MOST GRATEFUL FOR

PEOPLE

1
2
3
4
5
6
7

PLACES

1
2
3
4
5
6
7

MEMORIES

1
2
3
4
5
6
7

PERSONAL MILESTONES

1
2
3
4
5
6
7

WORK LIFE

1
2
3
4
5
6
7

OTHER

1
2
3
4
5
6
7

Gratitude LOG

DAY	TODAY I AM GRATEFUL FOR:
1	
2	
3	
4	
5	
6	
7	
8	
9	
10	
11	
12	
13	
14	
15	
16	
17	
18	
19	
20	
21	
22	
23	
24	
25	
26	
27	
28	
29	
30	
31	

SLEEP LOG

YEAR: MONTH:

DAY	HOURS SLEPT	NOTES
1	7 8 9 10 11 12 1 2 3 4 5 6 7 8 9 10 11 12 13	
2	7 8 9 10 11 12 1 2 3 4 5 6 7 8 9 10 11 12 13	
3	7 8 9 10 11 12 1 2 3 4 5 6 7 8 9 10 11 12 13	
4	7 8 9 10 11 12 1 2 3 4 5 6 7 8 9 10 11 12 13	
5	7 8 9 10 11 12 1 2 3 4 5 6 7 8 9 10 11 12 13	
6	7 8 9 10 11 12 1 2 3 4 5 6 7 8 9 10 11 12 13	
7	7 8 9 10 11 12 1 2 3 4 5 6 7 8 9 10 11 12 13	
8	7 8 9 10 11 12 1 2 3 4 5 6 7 8 9 10 11 12 13	
9	7 8 9 10 11 12 1 2 3 4 5 6 7 8 9 10 11 12 13	
10	7 8 9 10 11 12 1 2 3 4 5 6 7 8 9 10 11 12 13	
11	7 8 9 10 11 12 1 2 3 4 5 6 7 8 9 10 11 12 13	
12	7 8 9 10 11 12 1 2 3 4 5 6 7 8 9 10 11 12 13	
13	7 8 9 10 11 12 1 2 3 4 5 6 7 8 9 10 11 12 13	
14	7 8 9 10 11 12 1 2 3 4 5 6 7 8 9 10 11 12 13	
15	7 8 9 10 11 12 1 2 3 4 5 6 7 8 9 10 11 12 13	
16	7 8 9 10 11 12 1 2 3 4 5 6 7 8 9 10 11 12 13	
17	7 8 9 10 11 12 1 2 3 4 5 6 7 8 9 10 11 12 13	
18	7 8 9 10 11 12 1 2 3 4 5 6 7 8 9 10 11 12 13	
19	7 8 9 10 11 12 1 2 3 4 5 6 7 8 9 10 11 12 13	
20	7 8 9 10 11 12 1 2 3 4 5 6 7 8 9 10 11 12 13	
21	7 8 9 10 11 12 1 2 3 4 5 6 7 8 9 10 11 12 13	
22	7 8 9 10 11 12 1 2 3 4 5 6 7 8 9 10 11 12 13	
23	7 8 9 10 11 12 1 2 3 4 5 6 7 8 9 10 11 12 13	
24	7 8 9 10 11 12 1 2 3 4 5 6 7 8 9 10 11 12 13	
25	7 8 9 10 11 12 1 2 3 4 5 6 7 8 9 10 11 12 13	
26	7 8 9 10 11 12 1 2 3 4 5 6 7 8 9 10 11 12 13	
27	7 8 9 10 11 12 1 2 3 4 5 6 7 8 9 10 11 12 13	
28	7 8 9 10 11 12 1 2 3 4 5 6 7 8 9 10 11 12 13	
29	7 8 9 10 11 12 1 2 3 4 5 6 7 8 9 10 11 12 13	
30	7 8 9 10 11 12 1 2 3 4 5 6 7 8 9 10 11 12 13	
31	7 8 9 10 11 12 1 2 3 4 5 6 7 8 9 10 11 12 13	

Self Care CHECKLIST

NOVEMBER 2020

MORNING ROUTINE

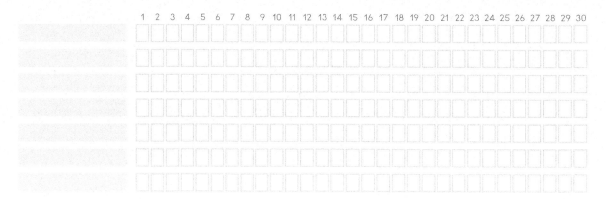

AFTERNOON ROUTINE

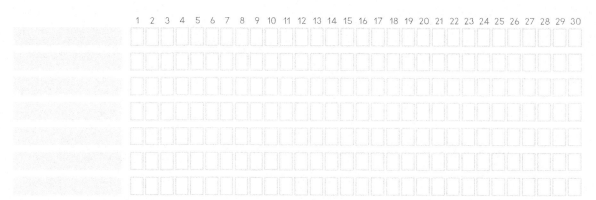

EVENING ROUTINE

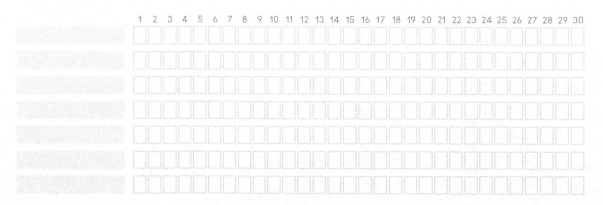

MONTHLY REFLECTION

Monthly MOOD LOG

ASSIGNED COLOR CODES

HAPPY	SAD	TIRED	

SICK	STRESSED	DEPRESSED	

EXCITED	ANGRY	NERVOUS	

ENERGETIC	FOCUSED	MOTIVATED	

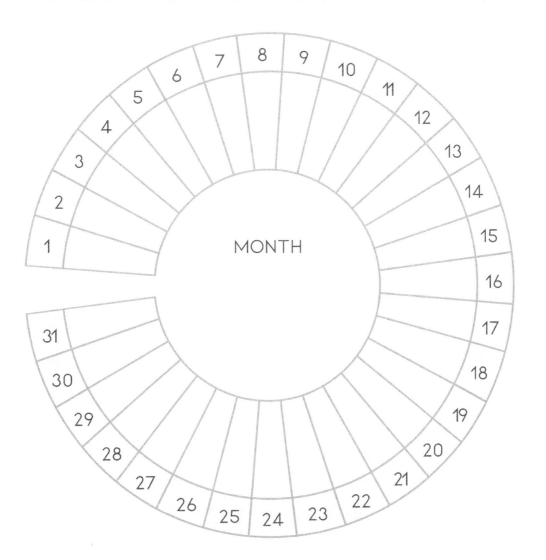

MONTH

Gratitude TRACKER

USE THE STEPPING BLOCKS BELOW TO FILL IN
THE DAYS WHERE YOU FELT GRATEFUL.

MONTH: _____

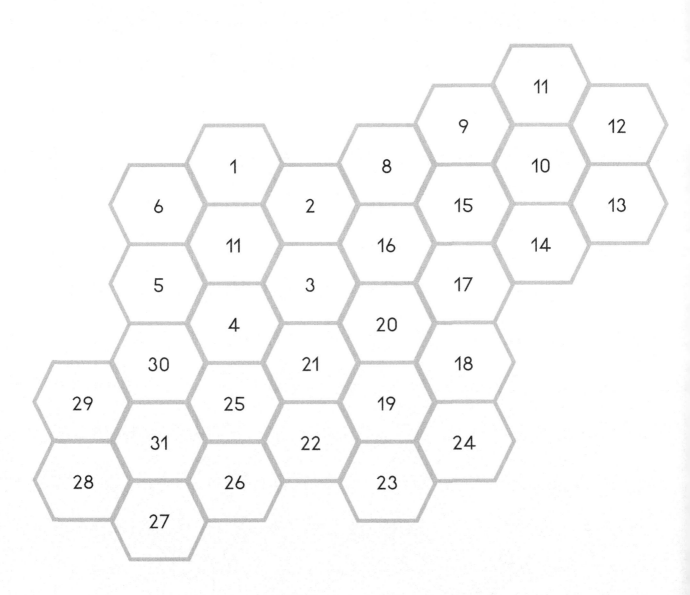

Level 10 **LIFESTYLE**

FAMILY & FRIENDS	PERSONAL GROWTH	CAREER/BUSINESS

CONTRIBUTION/GIVING	ROMANCE	FINANCES

ENVIRONMENT	SPIRITUALITY	HEALTH/FITNESS

Workouts

+ 31 DAY PLANNER +

FOCUS

MONTH	JAN	FEB	MAR	APR	MAY	JUN	JUL	AUG	SEP	OCT	NOV	DEC

TOP WORKOUT GOALS

FAVORITE WORKOUTS

NOTES

	DATE	WORKOUT SUMMARY	TIME	✓
1.				○
2.				○
3.				○
4.				○
5.				○
6.				○
7.				○
8.				○
9.				○
10.				○
11.				○
12.				○
13.				○
14.				○
15.				○
16.				○
17.				○
18.				○
19.				○
20.				○
21.				○
22.				○
23.				○
24.				○
25.				○
26.				○
27.				○
28.				○
29.				○
30.				○
31.				○

GRATEFUL *Heart*

WHAT I AM MOST GRATEFUL FOR

PEOPLE

1
2
3
4
5
6
7

PLACES

1
2
3
4
5
6
7

MEMORIES

1
2
3
4
5
6
7

PERSONAL MILESTONES

1
2
3
4
5
6
7

WORK LIFE

1
2
3
4
5
6
7

OTHER

1
2
3
4
5
6
7

Gratitude LOG

DAY	TODAY I AM GRATEFUL FOR:
1	
2	
3	
4	
5	
6	
7	
8	
9	
10	
11	
12	
13	
14	
15	
16	
17	
18	
19	
20	
21	
22	
23	
24	
25	
26	
27	
28	
29	
30	
31	

SLEEP LOG

YEAR: MONTH:

DAY	HOURS SLEPT	NOTES
1	7 8 9 10 11 12 1 2 3 4 5 6 7 8 9 10 11 12 13	
2	7 8 9 10 11 12 1 2 3 4 5 6 7 8 9 10 11 12 13	
3	7 8 9 10 11 12 1 2 3 4 5 6 7 8 9 10 11 12 13	
4	7 8 9 10 11 12 1 2 3 4 5 6 7 8 9 10 11 12 13	
5	7 8 9 10 11 12 1 2 3 4 5 6 7 8 9 10 11 12 13	
6	7 8 9 10 11 12 1 2 3 4 5 6 7 8 9 10 11 12 13	
7	7 8 9 10 11 12 1 2 3 4 5 6 7 8 9 10 11 12 13	
8	7 8 9 10 11 12 1 2 3 4 5 6 7 8 9 10 11 12 13	
9	7 8 9 10 11 12 1 2 3 4 5 6 7 8 9 10 11 12 13	
10	7 8 9 10 11 12 1 2 3 4 5 6 7 8 9 10 11 12 13	
11	7 8 9 10 11 12 1 2 3 4 5 6 7 8 9 10 11 12 13	
12	7 8 9 10 11 12 1 2 3 4 5 6 7 8 9 10 11 12 13	
13	7 8 9 10 11 12 1 2 3 4 5 6 7 8 9 10 11 12 13	
14	7 8 9 10 11 12 1 2 3 4 5 6 7 8 9 10 11 12 13	
15	7 8 9 10 11 12 1 2 3 4 5 6 7 8 9 10 11 12 13	
16	7 8 9 10 11 12 1 2 3 4 5 6 7 8 9 10 11 12 13	
17	7 8 9 10 11 12 1 2 3 4 5 6 7 8 9 10 11 12 13	
18	7 8 9 10 11 12 1 2 3 4 5 6 7 8 9 10 11 12 13	
19	7 8 9 10 11 12 1 2 3 4 5 6 7 8 9 10 11 12 13	
20	7 8 9 10 11 12 1 2 3 4 5 6 7 8 9 10 11 12 13	
21	7 8 9 10 11 12 1 2 3 4 5 6 7 8 9 10 11 12 13	
22	7 8 9 10 11 12 1 2 3 4 5 6 7 8 9 10 11 12 13	
23	7 8 9 10 11 12 1 2 3 4 5 6 7 8 9 10 11 12 13	
24	7 8 9 10 11 12 1 2 3 4 5 6 7 8 9 10 11 12 13	
25	7 8 9 10 11 12 1 2 3 4 5 6 7 8 9 10 11 12 13	
26	7 8 9 10 11 12 1 2 3 4 5 6 7 8 9 10 11 12 13	
27	7 8 9 10 11 12 1 2 3 4 5 6 7 8 9 10 11 12 13	
28	7 8 9 10 11 12 1 2 3 4 5 6 7 8 9 10 11 12 13	
29	7 8 9 10 11 12 1 2 3 4 5 6 7 8 9 10 11 12 13	
30	7 8 9 10 11 12 1 2 3 4 5 6 7 8 9 10 11 12 13	
31	7 8 9 10 11 12 1 2 3 4 5 6 7 8 9 10 11 12 13	

Self Care CHECKLIST

DECEMBER 2020

MORNING ROUTINE

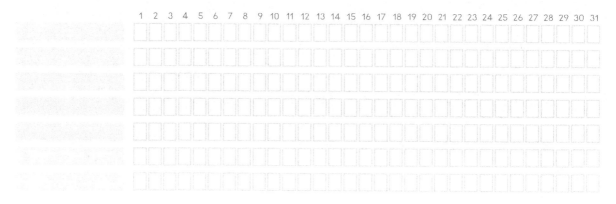

AFTERNOON ROUTINE

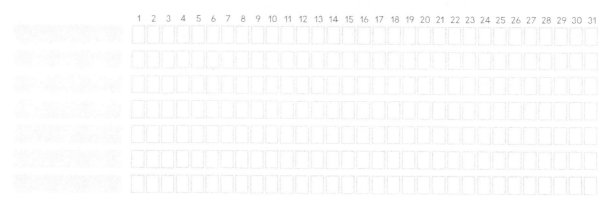

EVENING ROUTINE

MONTHLY REFLECTION

Monthly *MOOD LOG*

ASSIGNED COLOR CODES

HAPPY	SAD	TIRED
SICK	STRESSED	DEPRESSED
EXCITED	ANGRY	NERVOUS
ENERGETIC	FOCUSED	MOTIVATED

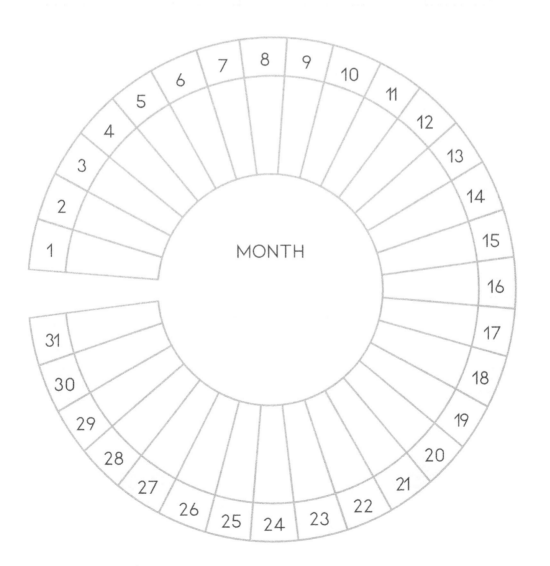

MONTH

Gratitude TRACKER

USE THE STEPPING BLOCKS BELOW TO FILL IN
THE DAYS WHERE YOU FELT GRATEFUL.

MONTH: _____

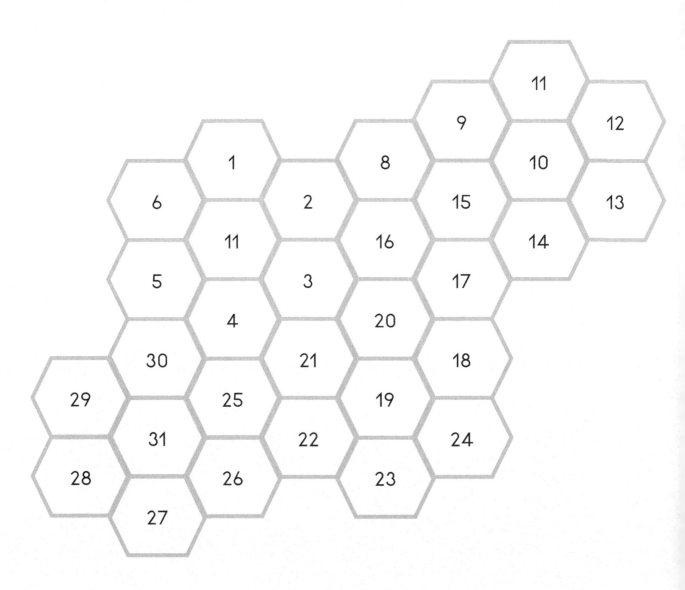

Level 10 LIFESTYLE

FAMILY & FRIENDS	PERSONAL GROWTH	CAREER/BUSINESS

CONTRIBUTION/GIVING	ROMANCE	FINANCES

ENVIRONMENT	SPIRITUALITY	HEALTH/FITNESS

Workouts
✦ 31 DAY PLANNER ✦

FOCUS

MONTH	JAN	FEB	MAR	APR	MAY	JUN	JUL	AUG	SEP	OCT	NOV	DEC

TOP WORKOUT GOALS

FAVORITE WORKOUTS

NOTES

DATE	WORKOUT SUMMARY	TIME	✓
1.			○
2.			○
3.			○
4.			○
5.			○
6.			○
7.			○
8.			○
9.			○
10.			○
11.			○
12.			○
13.			○
14.			○
15.			○
16.			○
17.			○
18.			○
19.			○
20.			○
21.			○
22.			○
23.			○
24.			○
25.			○
26.			○
27.			○
28.			○
29.			○
30.			○
31.			○

GRATEFUL *Heart*

WHAT I AM MOST GRATEFUL FOR

PEOPLE

1
2
3
4
5
6
7

PLACES

1
2
3
4
5
6
7

MEMORIES

1
2
3
4
5
6
7

PERSONAL MILESTONES

1
2
3
4
5
6
7

WORK LIFE

1
2
3
4
5
6
7

OTHER

1
2
3
4
5
6
7

Gratitude LOG

DAY	TODAY I AM GRATEFUL FOR:
1	
2	
3	
4	
5	
6	
7	
8	
9	
10	
11	
12	
13	
14	
15	
16	
17	
18	
19	
20	
21	
22	
23	
24	
25	
26	
27	
28	
29	
30	
31	

SLEEP LOG

YEAR: MONTH:

DAY	HOURS SLEPT	NOTES
1	7 8 9 10 11 12 1 2 3 4 5 6 7 8 9 10 11 12 13	
2	7 8 9 10 11 12 1 2 3 4 5 6 7 8 9 10 11 12 13	
3	7 8 9 10 11 12 1 2 3 4 5 6 7 8 9 10 11 12 13	
4	7 8 9 10 11 12 1 2 3 4 5 6 7 8 9 10 11 12 13	
5	7 8 9 10 11 12 1 2 3 4 5 6 7 8 9 10 11 12 13	
6	7 8 9 10 11 12 1 2 3 4 5 6 7 8 9 10 11 12 13	
7	7 8 9 10 11 12 1 2 3 4 5 6 7 8 9 10 11 12 13	
8	7 8 9 10 11 12 1 2 3 4 5 6 7 8 9 10 11 12 13	
9	7 8 9 10 11 12 1 2 3 4 5 6 7 8 9 10 11 12 13	
10	7 8 9 10 11 12 1 2 3 4 5 6 7 8 9 10 11 12 13	
11	7 8 9 10 11 12 1 2 3 4 5 6 7 8 9 10 11 12 13	
12	7 8 9 10 11 12 1 2 3 4 5 6 7 8 9 10 11 12 13	
13	7 8 9 10 11 12 1 2 3 4 5 6 7 8 9 10 11 12 13	
14	7 8 9 10 11 12 1 2 3 4 5 6 7 8 9 10 11 12 13	
15	7 8 9 10 11 12 1 2 3 4 5 6 7 8 9 10 11 12 13	
16	7 8 9 10 11 12 1 2 3 4 5 6 7 8 9 10 11 12 13	
17	7 8 9 10 11 12 1 2 3 4 5 6 7 8 9 10 11 12 13	
18	7 8 9 10 11 12 1 2 3 4 5 6 7 8 9 10 11 12 13	
19	7 8 9 10 11 12 1 2 3 4 5 6 7 8 9 10 11 12 13	
20	7 8 9 10 11 12 1 2 3 4 5 6 7 8 9 10 11 12 13	
21	7 8 9 10 11 12 1 2 3 4 5 6 7 8 9 10 11 12 13	
22	7 8 9 10 11 12 1 2 3 4 5 6 7 8 9 10 11 12 13	
23	7 8 9 10 11 12 1 2 3 4 5 6 7 8 9 10 11 12 13	
24	7 8 9 10 11 12 1 2 3 4 5 6 7 8 9 10 11 12 13	
25	7 8 9 10 11 12 1 2 3 4 5 6 7 8 9 10 11 12 13	
26	7 8 9 10 11 12 1 2 3 4 5 6 7 8 9 10 11 12 13	
27	7 8 9 10 11 12 1 2 3 4 5 6 7 8 9 10 11 12 13	
28	7 8 9 10 11 12 1 2 3 4 5 6 7 8 9 10 11 12 13	
29	7 8 9 10 11 12 1 2 3 4 5 6 7 8 9 10 11 12 13	
30	7 8 9 10 11 12 1 2 3 4 5 6 7 8 9 10 11 12 13	
31	7 8 9 10 11 12 1 2 3 4 5 6 7 8 9 10 11 12 13	

Made in the USA
Middletown, DE
18 January 2021